sapato em etro

crianças e medidas

A Penso é a editora oficial de Reggio Children no Brasil

Protagonistas
crianças
entre 5 e 6 anos
da Escola Diana

Professoras coordenadoras do projeto
Marina Castagnetti
Vea Vecchi

Fotografias
Vea Vecchi

Consultoria pedagógica
Loris Malaguzzi

Autores dos desenhos
crianças entre 5 e 6 anos

Creches e Escolas da Infância
Instituição Municipal de Reggio Emilia

sapato e metro
crianças e medidas

Primeiras abordagens à descoberta,
à função e ao uso da medida

Tradução
Thaís Bonini

Revisão técnica
Ana Teresa Gavião A. M. Mariotti
Mestre e Doutora em Psicologia e Educação pela Universidade de São Paulo (USP).
Diretora de Formação da Fundação Antonio-Antonieta Cintra Gordinho e Membro
do Conselho Estadual de São Paulo. Formada em "Recognition Process for Teacher
Educators on Reggio Emilia Approach", Reggio Emilia – Itália (2019-2021).
Membro do Network de Reggio Children (Estado de São Paulo – Brasil).

Aparecida de Fátima Bosco Benevenuto
Mestre em Literatura pela USP. Pós-graduada em "O Papel do Coordenador",
Universidad Torcuato di Tella e Reggio Children, com módulo realizado
em Reggio Emilia. Diretora Geral da Fundação Antonio-Antonieta Cintra Gordinho.
Membro do Network de Reggio Children (Estado de São Paulo – Brasil).

Fernanda Dodi
Graduada em Artes Visuais pela Unicamp. Especialista em Linguagens da Arte pela
USP. "Curso Internacional de Aprofundamento em Educação Infantil" (2016-2017),
Fundação Antonio-Antonieta Cintra Gordinho/RedSOLARE/Unicamp/
Reggio Children, com módulo em Reggio Emilia.
Atelierista na Fundação Antonio-Antonieta Cintra Gordinho.

Porto Alegre
2024

Obra originalmente publicada sob o título *Shoe and meter*
ISBN 9788887960105
Copyright © 1997 by in Italian and in English by Reggio Children s.r.l. – Centro Internazionale
per la difesa e la promozione dei diritti e delle potenzialità dei bambini e delle bambine – International Center
for the defence and promotion of the rights and potential of all children, Reggio Emilia, Italia under the title
Shoe and Meter / Scarpa e Metro

 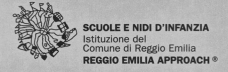

www.reggiochildren.it
All Rights Reserved

Gerente editorial: *Letícia Bispo de Lima*

Colaboraram nesta edição
Coordenadora editorial: *Cláudia Bittencourt*
Editor: *Lucas Reis Gonçalves*
Preparação de original: *Dominique Monticelli da Costa*
Leitura final: *Ildo Orsolin Filho*
Arte sobre capa original: *Tatiana Sperhacke / TAT studio*
Adaptação do projeto gráfico original e editoração: *Tatiana Sperhacke / TAT studio*

C912s	Creches e Escolas da Infância - Instituição Municipal de Reggio Emilia.
	Sapato e metro : crianças e medidas – primeiras abordagens à descoberta, à função e ao uso da medida / Creches e Escolas da Infância - Instituição Municipal de Reggio Emilia ; tradução : Thaís Bonini ; revisão técnica : Ana Teresa Gavião A. M. Mariotti, Aparecida de Fátima Bosco Benevenuto, Fernanda Dodi. – Porto Alegre : Penso, 2024.
	94 p. : il. ; 25 cm.
	ISBN 978-65-5976-049-7
	1. Educação infantil. 2. Criatividade. I. Título.
	CDU 373.2

Catalogação na publicação: Karin Lorien Menoncin – CRB 10/2147

Reservados todos os direitos de publicação, em língua portuguesa, ao
GA EDUCAÇÃO LTDA. (Penso é um selo editorial do GA EDUCAÇÃO LTDA.)
Rua Ernesto Alves, 150 – Bairro Floresta – 90220-190 – Porto Alegre – RS
Fone: (51) 3027-7000 – SAC 0800 703 3444 – www.grupoa.com.br

É proibida a duplicação ou reprodução deste volume, no todo ou em parte,
sob quaisquer formas ou por quaisquer meios (eletrônico, mecânico, gravação,
fotocópia, distribuição na Web e outros), sem permissão expressa da Editora.

IMPRESSO NO BRASIL
PRINTED IN BRAZIL

Apresentação à edição brasileira

As creches e escolas da infância são lugares que geram o desejo de conhecer os números?
— Paola Strozzi [1]

Como a matemática aparece no nosso cotidiano? De que forma a vemos? Que relação construímos com os números, as medidas, as operações e a própria matemática? Como abordamos a matemática no dia a dia da escola?

Sapato e metro apresenta uma deliciosa e profunda narrativa de um grupo de crianças de 5 e 6 anos desafiado a pesquisar medidas e instrumentos de medidas e a comunicar seu pensamento matemático.

O livro, embora foque a matemática, aborda outros valores tão presentes e inspiradores para a área da educação, como a beleza do cotidiano, a relação entre as linguagens, o papel da documentação pedagógica, a importância dos artefatos humanos para organização dos espaços escolares e o próprio processo de aprendizagem.
Nós, da Fundação Cintra Gordinho,[2] representantes do Network de Reggio Children no Brasil, procuramos, em nossa escola, vivenciar tais princípios educativos.

Em relação à *beleza do cotidiano*, a obra *Sapato e metro* nos convida a refletir sobre a potência que tem o dia a dia da escola; isto é, quando damos tempo necessário à curiosidade e à criatividade das crianças para descobrir os enigmas da vida, a cotidianidade se torna fértil para a construção de conhecimentos profundos. Neste caso, por exemplo, a partir de inovadoras situações, as crianças se envolvem em descobrir, compreender e comunicar as medidas de uma mesa para sua sala.

Esse processo de ensino-aprendizagem tornou-se uma apaixonante narrativa em função da documentação pedagógica, que, como atitude docente da Escola Diana, testemunhou a investigação pedagógica. A documentação ilustra a importância de um percurso construído por meio de pesquisa, vivência e respeito ao tempo e ao conhecimento já consolidado das crianças. Ela também declara a voz de educadores atentos e que entram na diversão e na organização de propostas que continuem desafiando cognitivamente e expressivamente o grupo.

Sapato e metro aborda, ainda, a relevância dos artefatos humanos – como as fitas métricas, o metro, entre outros instrumentos – que provocam a construção do conhecimento do mundo.

A organização do próprio espaço
da sala é uma mola propulsora do
ensino-aprendizagem nas escolas
de Reggio Emilia.

Sapato e metro nos demonstra que
existem modos de contar e medir,
e que não nos cabe tirar das crianças
e de nós mesmos o direito de planejar
e conhecer, experimentar e hesitar,
em um tempo cuja regência nasce
de dentro do processo de pesquisa,
e não de fora dele.

Uma narrativa que, pouco a pouco,
torna-se uma aventura – pela forma
vivaz e envolvente com que as crianças
a experienciam – que, enquanto nos
conta como elas vão se aproximando
de ações cotidianas da matemática
(contar, medir, comparar), nos convida
a pensar como nos apropriamos, dentro
da nossa própria trajetória, dessas ações
e, por consequência, como pensamos
os espaços escolares para que nossas
crianças encontrem com a matemática
do mundo.

**Fundação Antonio-Antonieta
Cintra Gordinho**

1 Paola Strozzi é pedagogista, ex-membro da Coordenação Pedagógica das Creches e Escolas de Infância – Instituição Municipal de Reggio Emilia e colabora em formações com Reggio Children. Fez esse importante questionamento no webinário *I Bambini e i Numeri*, em outubro de 2020. Disponível em: https://www.reggiochildren.it/rc/formazione/webinar-on-demand/i-bambini-e-i-numeri-multi/.

2 A Fundação Antonio-Antonieta Cintra Gordinho, inaugurada em 1957, é uma instituição sem fins lucrativos que nasceu do sonho do casal Antonio e Antonieta de construir uma entidade filantrópica voltada à educação. Como uma entidade do terceiro setor, a Fundação Cintra Gordinho tem a escola de educação infantil ao ensino médio-técnico e o Núcleo Educacional-Cultural. Em 2013 a escola que atende crianças e adolescentes reorganizou seu projeto educativo, buscando uma educação que responda ativamente às demandas e aos desafios múltiplos do mundo contemporâneo.

Sumário

A invisibilidade do essencial 10 *Sergio Spaggiari*

Sapato e metro 14 *Loris Malaguzzi*

A aventura do conhecer 88 *Marina Castagnetti, Marina Mori, Laura Rubizzi, Paola Strozzi, Vea Vecchi*

Um medidor para a amizade 92 *Carla Rinaldi*

Nota preliminar
A introdução e os escritos que acompanham as figuras foram redigidos com base nos documentos e nas gravações de áudio de Loris Malaguzzi, reunidos em favor da construção de um texto integrado. Malaguzzi frequentemente encontrava os professores para discutir e interpretar junto a eles o material documentado. Foram encontros preciosos. Foi realizada uma delicada operação de *reescrita* desse material, na tentativa de intervir o mínimo possível, com grande atenção e respeito ao ritmo e ao estilo narrativo do autor.

Cérebros que trocam ideias

A invisibilidade do essencial

Dar a palavra às crianças foi, desde o início, a corajosa aventura da coleção editorial de que este livro faz parte: "a escuta que não há".

Mas os rastros de vida e de pensamento que as crianças nos deixam às vezes não podem ficar trancados somente dentro das palavras. Com frequência, necessitam de outras coisas: imagens, desenhos, escritos, mas, sobretudo, histórias, narrativas.

De fato, *Sapato e metro* nos convida à escuta de uma história de crianças de 5 anos que tentam dar sentido e forma às medidas e aos números.

É uma história interessante e atraente que nos testemunha o quanto Francis Bacon tinha razão, alguns séculos atrás, ao afirmar: "A mente e a mão, se agirem separadas, nada mudam, mas podem fazer algo se agirem junto com um instrumento".

Na aquisição dos conhecimentos, nos recorda Bacon, não deve ser esquecida a força maiêutica dos instrumentos utilizados, porque eles também têm a capacidade de sugerir ideias e de fazer nascer pensamentos. Portanto, como demonstra a história *Sapato e metro*, é sempre interessante saber colher, nos objetos e nos utensílios, sua atividade criadora potencial: pensar o possível já é, também para as crianças, inventar, descobrir, projetar. No entanto, devemos estar conscientes de que assumir essa ótica nos afasta da abordagem tradicional da psicologia do desenvolvimento sobre a aquisição de conhecimentos, baseada na transmissão de saberes e conteúdos de adultos para crianças por meio de canais apropriados oferecidos pelos adultos às crianças.

A abordagem interativo-construtivista muda essa visão e propõe não ensinar às crianças o que elas podem descobrir sozinhas; o papel crucial de tal abordagem é intervir sobretudo por meios indiretos, preparando contextos facilitadores, criando situações enriquecedoras e ajudando as crianças a serem agentes diretos dos seus processos de aprendizagem.

A experiência contada neste livro atesta tudo isso. Esta publicação assume uma importante função: é um bom exemplo de documentação educacional.
É também por esse motivo específico que aproveitamos a oportunidade de dar início, com esta publicação, a uma colaboração editorial com o Ministério da Educação Pública, com o qual o município de Reggio Emilia estipulou recentemente um convênio para a qualificação da educação infantil italiana. Creio, de fato, que a *documentação* represente hoje um dos nós cruciais da ação educacional.

De resto, ninguém pode desmentir: a educação infantil é um ramo do agir humano que, historicamente, manifestou uma evidente *alergia à documentação*.

Apesar de extensa, a produção editorial de livros e artigos acadêmicos tende a oferecer mais teorias do que testemunhos e, em muitos casos, está mais preocupada com aspectos conceituais. São muito escassos os materiais documentais capazes de tornar visível e analisável a riqueza ou a pobreza das elaborações práticas e teóricas realizadas no campo escolar.

Muitas experiências educacionais, até mesmo aquelas de grande prestígio, correm o risco, portanto, de permanecerem ancoradas somente às memórias de cada professor.

Dessa forma, encontra-se disperso um consistente patrimônio de ideias e de eventos que poderia se tornar material precioso para o estudo e o debate pedagógico.

Ainda que a documentação tenha sido criada provavelmente para oferecer às crianças uma ocasião de valorização das próprias obras e para permitir às famílias que sejam melhor informadas sobre as vivências escolares, foi logo descoberta como uma extraordinária oportunidade para os professores de reexaminar e repercorrer os itinerários operacionais realizados, obtendo, a partir disso, indiscutíveis vantagens profissionais e de conhecimento.

O valor da documentação também foi merecidamente enfatizado nas recentes orientações da educação infantil italiana. Espera-se que a documentação seja consolidada não apenas como prática cotidiana de trabalho, mas também como *forma mentis* do educador italiano.

Mas agora talvez seja oportuno definir melhor as possíveis funções e finalidades do documentar. Se documentar quer ter a finalidade de entender melhor as crianças, então devemos evitar conceber a documentação como pura conservação e utilização dos resultados finais de um percurso didático educacional.

Limitando-nos a isso, será possível valorizar e conhecer melhor *o que foi obtido*, mas não será possível conhecer *o ocorrido*.

É por isso que já são muitos os defensores da importância estratégica de documentar os processos em vez dos produtos.

Mas, com relação a isso, também é oportuno realizar algumas especificações adicionais.

Muito frequentemente, a documentação dos processos é pensada e realizada para um itinerário educativo e construída como simples prestação de contas descritiva das etapas atravessadas ao longo do percurso.

Cérebros que pensam de maneira diferente

Ela se torna uma espécie de reconstrução fiel, de transcrição autêntica do ocorrido, em que o maior esforço é dar objetividade à representação, aderindo o máximo possível à mecânica real dos fatos.

Esse tipo de documentação, que eu chamaria de *efeito resumido*, é indubitavelmente útil e precioso, porque torna-se material para reordenar e reorganizar pensamentos e eventos.

No entanto, parece esquecer uma verdade educativa evocada também no *Pequeno príncipe* de Saint-Exupéry: o essencial é invisível aos olhos. Em outras palavras, o que conta em educação, na maioria das vezes, foge da fotografia, nega-se ao registro, porque pertence frequentemente ao mundo das interpretações possíveis.

Se o que nos interessa é explorar a gênese e o desenvolvimento dos significados que a criança constrói nos seus encontros com a realidade, e se quisermos saber mais sobre os procedimentos de pensamento e de ação ativados pela criança nos seus percursos de aprendizagem, devemos documentar não tanto o que aconteceu ao redor da criança, mas o que acreditamos que aconteceu dentro da criança.

Ou seja, devemos interpretar os *possíveis* acontecimentos, procurando colher os aspectos invisíveis, mas extraordinariamente significativos, dos processos de crescimento infantil.

Os significados de um processo educativo e relacional estão frequentemente escondidos e levam sempre a uma ideia de ambivalência cognitiva e de pluralidade semântica, que Italo Calvino já retomava em *Lições americanas*: "...estamos sempre à caça de algo escondido que é somente potencial e hipotético, do qual seguimos os rastros que afloram". Creio, por isso, que devemos ser suficientemente desconfiados do valor cognitivo e comunicativo de uma documentação meramente descritiva e resumida de forma linear. Ela pode dar a ilusão de reproduzir melhor a realidade empírica, mas, na maioria das vezes, empobrece e imobiliza.

Por isso, é melhor confiar em uma documentação entendida como pista narrativa e argumentativa, *com efeito de conto*, que busca, ao dar forma e substância ao ocorrido, percorrer os caminhos hipotéticos e interpretativos, cavar em profundidade, imaginar tramas e percursos não necessariamente sequenciais. Em síntese, uma documentação que procura dar sentido aos eventos e aos processos, tentando revelar seus mistérios.

Ou seja, devemos aderir não tanto à real sucessão dos fatos, mas perseguir, com uma narrativa, a possível compreensão da intrincada aventura da aprendizagem humana.

Conhecemos muito pouco de como uma criança aprende, como nascem os conhecimentos e as opiniões, como são consolidadas as habilidades, quais e quantas estratégias servem ao pensamento e à linguagem. Ainda somos ignorantes demais com relação a isso para podermos deixar de lado um registro comunicativo e documentativo que tenha a pretensão de descrever, em prol de um que tenha a coragem de interpretar.

Parafraseando uma feliz metáfora de Walter Benjamin, eu diria que quem escreve histórias é o viajante, quem escreve resumos é o sedentário. Esse último ama o habitual e procura as certezas e a regularidade. O primeiro, ao contrário, abre-se ao novo e tem o ardor de explorar terrenos desconhecidos.

Por isso, acredito que a documentação--conto com estilo narrativo pode corresponder melhor à necessidade

de ativar, na educação, a leitura e a recognição
dos fatos e a busca dos significados,
não somente para refletir o real,
mas para refletir *sobre* o real.

De resto, a força cognitiva e decifradora
do conto também era apreciada por Gianni
Rodari, que fez a célebre afirmação:
"As coisas de cada dia escondem segredos
para quem sabe olhar e contar".

É sob essa ótica que a documentação
se torna parte integrante da *progettazione**
e da organização educativa e instrumento
indispensável para a escuta, a observação
e a avaliação, definindo-se como hábito
mental, como atitude cultural, mais do
que como competência técnico-profissional.

Por isso, eu penso que *Sapato e metro*
pode representar uma útil tentativa
de documentação didática; porque
é uma narrativa de uma história de vida,
porque faz a escola e a pedagogia saírem
de uma imagem de impotência e de separação
da realidade, porque pode dar força ao
"gênio potencial" (Morin) das professoras,
resgatando e dando sentido a um trabalho
frequentemente desvalorizado e rotineiro.

Além das apreciações específicas, tenho
a profunda convicção de que o mundo
da escola deve começar a compreender
que produzir documentos e testemunhos
sobre as experiências educativas significa
aproximar-se de um melhor conhecimento
dos modos de funcionamento da mente,
dos estilos de aprendizagem e das estratégias
comportamentais das crianças. Significa
alimentar a fonte nascente de novas teorias
e novas práticas pedagógicas e liberar
esperanças para uma cultura
renovada da infância.

Cérebros que pensam de maneira diferente

Percebe-se que a educação infantil precisa
muito dessa nova fronteira cultural.

Sergio Spaggiari
Ex-diretor das Escolas Municipais
de Educação Infantil de Reggio Emilia

* N. de R.T. Mantivemos o termo original
da abordagem de Reggio Emilia, que se
refere ao conceito de pensamento projetual.

Sapato e metro

A percepção e a aprendizagem do espaço, dos sons, das dimensões, das medidas e dos números é, desde o início, parte da experiência de vida e de relacionamento das crianças.

Nossa vida moderna está impregnada de linguagens, percepções, sinais, símbolos matemáticos. O trabalho do homem, seus instrumentos de trabalho, seus desenhos, a decoração e o vestuário do corpo, a construção de casas, de estradas, as medidas (comprimento, largura, altura, peso, valor do dinheiro, etc.) implicam o uso de percepções geométricas e aritméticas.

As crianças têm acesso ao pensamento matemático por meio das operações de orientação, de brincadeira e de escolha de linguagens relacionais e descritivas. Contudo, ao contrário dos povos primitivos, que precisaram criar palavras e um vocabulário apropriado, as crianças de nosso tempo já são constantemente confrontadas com nomes de números, grafias de números e palavras que expressam quantidades e medidas; elas as usam antes mesmo de conhecerem seu significado, valores, papéis e finalidades.

Se a educação deve partir das experiências reais, é justo que a escola se aproprie e faça delas um objeto de investigação, estudo e aplicação. É bom que a escola parta de problemas e situações concretas para gerar interesses e motivações mais imediatos e resistentes.

Neste caso, as crianças partem de uma situação da vida real: a escola e as crianças precisam de outra mesa para facilitar o seu trabalho; uma mesa igual às outras, com as mesmas dimensões e formas. O que fazer?

As crianças dizem para chamar um carpinteiro e propor-lhe a construção da mesa. Mas como fazer para mostrar a ele o que elas desejam? O carpinteiro diz: "Mostrem-me todas as medidas e eu farei a mesa".

As crianças dizem ao carpinteiro que sim, passarão a ele todas as medidas necessárias. O carpinteiro avisa: "Mas vocês são capazes de tirar medidas?" É um desafio muito grande.

Seis crianças – cinco meninos e uma menina – com idades entre 5,5 e 6,2 anos, se voluntariam. São crianças que se conhecem há mais de quatro anos.

É a primeira vez que elas tentam tirar medidas juntas. Elas não têm conhecimento ou experiência sobre o assunto.

De nossa parte, estamos convencidos de que a medição é o melhor e mais útil canal para aproximar as crianças de cinco anos do mundo das linguagens numéricas e matemáticas.

A tentativa – a *sonda*,* como nós a chamamos – não é, portanto, nem uma simulação nem uma pesquisa de laboratório. Nasce de um problema feito justamente pelas crianças.

Tentaremos, ao contrário, realizar uma observação etológica em um contexto escolar que busca indicações e significados psicológicos, cognitivos, educacionais: um pedaço de nossa vida e da vida das crianças.

Ficaremos longe de qualquer rigidez metodológica. Combinamos com as crianças de trabalhar pela manhã pelo tempo que as próprias situações sugerirem.

Elas serão livres não apenas para confirmar suas escolhas, mas também para decidir se trabalharão juntas, em pequenos grupos ou sozinhas. Queremos descobrir como e quanto as crianças estarão ligadas ao problema.

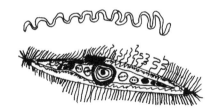

Não teremos pressa; todas terão o tempo necessário para pensar, fazer, encontrar, criar e mudar ideias e aplicações.

Os outros colegas serão informados sobre o que está acontecendo.

Duas professoras acompanharão os trabalhos: uma para observar e registrar; outra para fotografar.

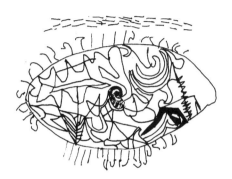

As professoras procurarão, o máximo possível, estar disponíveis para as crianças, especialmente para as recognições dos eventos ou para possíveis empréstimos de conhecimento. No entanto, elas vão intervir somente quando a ação das crianças estagnar, para ajudá-las a começar novamente ou fazer ajustes, criando "situações de assimilação e acomodação", no sentido de Piaget, ou identificando "zonas de desenvolvimento proximal", no sentido de Vigostki.

A investigação durou cerca de 10 dias: 40 a 50 minutos por dia.

A complexidade da experimentação nunca intimidou ou paralisou o trabalho das crianças: pelo contrário, quanto maior o desafio, mais elas elevavam sua tenacidade, variando entre momentos de séria concentração e momentos de diversão, todos em comum alegria.

Loris Malaguzzi
Pedagogo Fundador da experiência educacional de Reggio Emilia

* N. de R.T. Mantivemos o termo do professor Loris Malaguzzi, que se dedicou a um discurso sobre esse tema em abril de 1988. O conceito refere-se a um instrumento de pesquisa e de conhecimento.

O tema dessa experiência nasce
de uma situação real: do desejo das crianças
de ter uma mesa extra de trabalho na classe.
Chamamos o carpinteiro na escola,
e as crianças perguntam a ele:
"Você pode nos fazer uma mesa igual a esta?"
"Preciso das medidas", diz o carpinteiro.

As crianças têm medo de perder
a oportunidade. *"Nós vamos tirá-las",*
respondem. O carpinteiro e as crianças
olham para nós. Também dizemos que sim.
É um desafio muito grande. O carpinteiro
questiona: "Mas vocês são capazes de tirar
medidas?" *"E você"*, as crianças respondem,
"é capaz de fazer uma mesa igual para nós?"
Então o desafio realmente começa.

Há quem diga que é difícil, outros que basta começar, que a mesa tem muitas medidas, que são necessários números. A inquietação, na verdade, mal mascara a grande vontade de levar adiante a experiência.

Quem desbloqueia a situação é Alan: *"Contamos e medimos com o dedo, colocamos um dedo depois do outro e contamos até 5 e depois até 10 com o dedo"*. A ideia de Alan vai na direção certa. Os colegas entendem.

Enquanto a discussão continua,
Tommaso e Daniela de repente se afastam.

Eles voltam com algumas folhas quadradas e dizem:

"*Para entender a mesa, é preciso desenhá-la*".

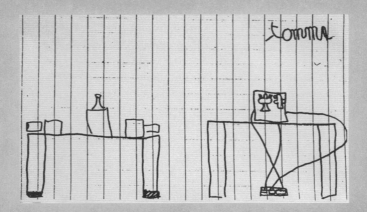

Aqui estão os desenhos de Tommaso e Daniela. As mesas são habitadas, cumprem a sua função, têm garrafas, copos, computador. Parece que Tommaso e Daniela perceberam o valor notacional do desenho, como se a mesa desenhada servisse para produzir uma percepção global dos problemas a serem enfrentados, uma centralização mais compartilhada das ideias e soluções à espera, um meio a mais para entender e comunicar.

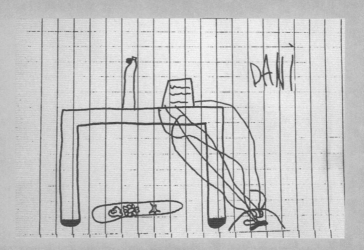

A primeira decisão das professoras, sugerida pelos desenhos das crianças, é usar uma mesa já existente como modelo, mas situada de modo *isolado*, fora do contexto da sala de aula, para que seja percebida em termos de suas formas essenciais. As crianças aceitaram a ideia de Alan: *"Contamos e medimos com o dedo, colocamos um dedo atrás do outro..."* É o corpo que *empresta* os elementos para medir: o dedo, a mão aberta ou fechada, o antebraço,

...a perna,

...até mesmo a cabeça, colocada em sucessão
em linha reta para unir dois pontos distantes
que marcam a medida da mesa.

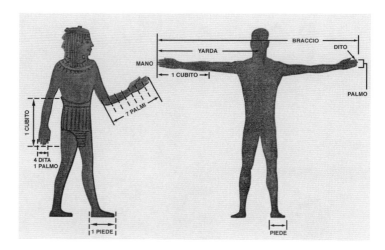

As crianças não sabem, mas estão repetindo os antigos
gestos de medida.

As primeiras medidas que as crianças fazem são *a olho,*
avaliando visualmente os elementos: longo, menos longo,
mais alto, menos alto, etc. As medidas são, de alguma forma,
incorporadas. Talvez seja por isso que, para comunicá-las,
ainda recorrem ao corpo; as medidas são *extraídas* do corpo.
São ferramentas imediatamente disponíveis
e divertidas de usar.

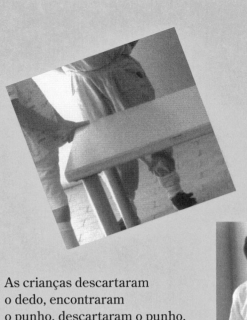

As crianças descartaram o dedo, encontraram o punho, descartaram o punho, encontraram o palmo e finalmente chegaram à perna; parecem ter descoberto que podem usar uma unidade mais longa para encurtar o trabalho.

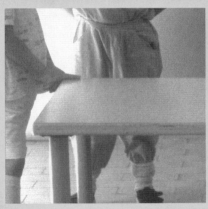
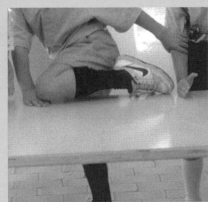

Quando os instrumentos corporais
se esgotam, as crianças imediatamente
encontram outros instrumentos
de medida.

*"Vou pegar uma concha na cozinha",
"Eu vou tentar com um livro".*

Talvez percebam que é mais fácil
manusear e utilizar como amostras
objetos externos ao próprio corpo,
que podem ser livremente escolhidos.

As condições básicas para a escolha
do instrumento de medição são:
ele deve ser menor do que o objeto a ser
medido e deve poder ser replicado
e contado até que cubra todo o objeto.
As crianças também vão perceber
que usar certos objetos pode tornar
o processo de medição impreciso,
seja pela falta, seja pelo excesso.
Todo esse processo vai exigir que
as crianças aprendam em termos mais
analíticos. Elas vão compreender que

o produto da comparação (o número
que expressa a medida) depende
do tamanho escolhido da amostra;
que terão de dominar os valores de
invariância se quiserem encontrar um
resultado idêntico para muitas medidas
do mesmo tamanho e, consequentemente,
que terão de escolher uma amostra cada
vez mais compartilhada e convencional;
que precisarão passar das descobertas
concretas para as abstratas, mas que
muitas vezes serão as elaborações
abstratas que lhes permitirão
compreender e agir melhor no concreto.
Finalmente, é provável que as crianças
percebam que falar a linguagem
da medida é descobrir uma nova
linguagem, diferente daquela que
elas costumam utilizar.

Mas trata-se sempre de intuições
ou compreensões que precisam
ser imediatamente reforçadas.

As crianças passaram por unidades
de medida sem ainda fazer uma
escolha definitiva.

É o momento em que devem superar esse
obstáculo. Elas começam a perceber que
precisam achar uma medida que seja
compartilhada e utilizada por todos.

Como apoiar o processo cognitivo em curso?

O que é necessário agora para ajudá-las
é, paradoxalmente, fazê-las afundar
mais na desordem que já existe: talvez
seja útil mover o núcleo problemático
de um contexto para outro, para destacar
as contradições.

O professor lança a ideia de dar saltos e tentar medi-los. Como fazer isso?

A resposta das crianças é: *"São necessários dois sinais, um para a partida e outro para a chegada, e medimos com os pés".*

O que a professora propõe é transferir as tentativas da mesa, onde o problema ainda é bastante abstrato, para aquelas em que o corpo participa totalmente.

A adoção de uma *transferência* é um procedimento importante, um deslocamento de analogias para outro plano.

Esperamos que as crianças aceitem a necessidade de ter uma medida única e compartilhada.

O primeiro salto é de Tommaso.

O espaço, rapidamente sobrevoado, torna-se legível
e codificável pelos passos de Tommaso, que o repercorre,
colocando um pé após o outro para medi-lo.

É um salto de **quatro "pés"** de comprimento.

Agora os pés da professora medem o salto. O salto de Tommaso tem **três "pés"** de comprimento. Depois é a vez de Marco e Daniela. Os saltos ficam mais curtos a cada vez que a professora os mede. Até que todos descobrem o truque.

"Seu pé é maior e tem mais espaço", "Nós temos um pé menor".

Esperamos que a experiência tenha ajudado a compreender melhor as ambiguidades.

As professoras se encontram naquela manhã para discutir os eventos que acabaram de acontecer. Na conversa, interpretações e hipóteses pessoais são comparadas e assumem novos significados.

Um encontro entre os engajados no projeto, incluindo adultos e crianças, é sempre uma recognição valiosa e é um procedimento que usamos com frequência.

Ao recordar e narrar os caminhos percorridos, as crianças conectam suas histórias pessoais e as dos eventos enfrentados como em uma história algorítmica. Elas reforçam o significado de seu trabalho, o sentimento de pertencimento, os valores cooperativos que marcam o caminho percorrido e, muitas vezes, são os lugares onde amadurecem novas ideias.

É aqui que um evento extraordinário acontece, quando Pier Luigi, agora com uma imagem mais clara da situação, fica em pé e anuncia: *"Ouçam! Por que não pegamos uma corda e medimos tudo de uma vez só e a cortamos quando chegar no fim da mesa?"*
A proposta desloca todos os pensamentos. Ela é tão emocionante que as crianças declaram o encontro encerrado e pedem para voltar ao trabalho imediatamente.

Muitas pessoas pensam que as crianças têm uma progressão linear, mas elas costumam "trair" nossas expectativas como adultos. Essa saída da estrada que estão percorrendo enriquece de problemas uma situação já rica de problemas, mas na verdade, é uma complicação útil, porque acelera o avanço do trabalho e o simplifica com uma medição global.

David Hawkins insiste muito nessa "estrutura em rede" das crianças, que não segue um caminho unitário e linear, mas é como uma árvore com muitas ramificações.

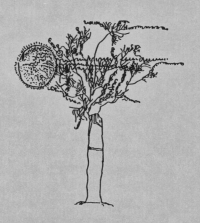

A corda já está em operação. As crianças ainda a puxam desajeitadamente, mas entenderam as vantagens do método. Elas a cortam na direção da largura e do comprimento da mesa. Têm, portanto, duas cordas. Alan diz:
"A corda mais comprida é a corda do comprimento".
Daniela acrescenta: *"E a corda curta é a da curteza"*.
Levará algum tempo até que o termo *"curteza"* inventado por Daniela seja substituído pelo mais correto e usual: "largura". Neste ponto, as crianças poderiam continuar a medir todas as partes da mesa com a corda e entregar todas as cordas ao carpinteiro. Se não o fazem, é possível pensar que elas não estão contentes com esse sistema. Elas provavelmente sentem que precisam oferecer medidas numéricas, utilizar o número, mas como?

Os instrumentos de medição que conhecem (há alguns guardados numa prateleira da escola) parecem ainda longe de qualquer evocação. Podemos nos perguntar o porquê. Provavelmente todas as crianças sabem que esses instrumentos são usados para medir, mas ainda estão distantes da experiência delas. Em uma situação real como esta, o corpo e os objetos talvez pareçam mais concretos e confiáveis do que a régua.

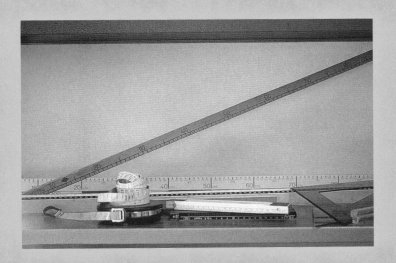

Vemos Daniela repetindo a contagem com o dedo, desta vez na corda. Ela pronuncia em voz alta e move o dedo: *"1, 2, 3, 4..."* enquanto Tommaso conta os números com os dedos. Depois, eles param e confabulam. Daniela diz: *"É preciso de papel para escrever os números!"*

Acreditamos que eles sentiram que estavam apenas juntando alguns números, somente algumas palavras, alguns sons e marcas na corda.

Tommaso e Daniela afastam-se...
e voltam com tiras de papel,

...que colocam ao lado da corda. E agora?

Daniela começa a escrever 1 2 3 4... Esta é a primeira vez, desde o início da pesquisa, que as crianças utilizam a escrita dos números para dar *valor* à medida.

Daniela para de escrever e diz: *"Os números são infinitos, não podemos escrever todos!"* Ela transcende o momento contingente com uma afirmação que faz parte da filosofia do número.

Tommaso comenta: *"Sabe por que não está certo? Os números devem ter umas linhazinhas entre eles."* Talvez ele esteja pensando nos intervalos que distanciam os números uns dos outros na fita métrica.

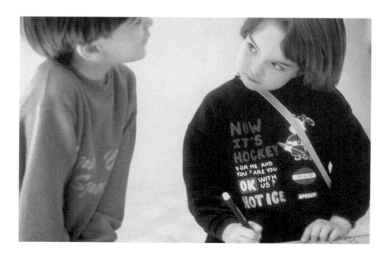

Daniela diz: *"Então vamos fazer o medidor"*.
O jogo que nasce entre Tommaso e Daniela
é o pingue-pongue: o que um diz é colhido
e levado adiante pelo outro.

Daniela reescreve os números, separando-os com
uma linha. A subdivisão cadenciada é uma passagem
importante e uma grande descoberta que as crianças
fazem, pois indica que entre um número e outro e outro...
há uma equidistância de valor.

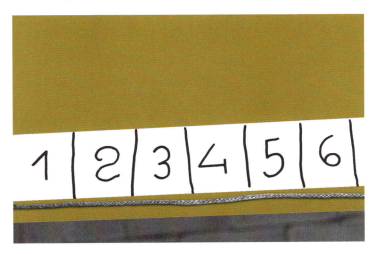

A proposta de fazer um instrumento de medir agrada
a todas as crianças que presenciaram o dueto de Tommaso
e Daniela. Ao grupo habitual juntam-se outras crianças
interessadas da sala. Cada uma pega uma tira de papel
e constrói uma fita métrica à sua maneira.

Nascem, assim, medidores de comprimento subjetivo
e arbitrário, mas todos marcados por números
em progressão muitas vezes corretos.

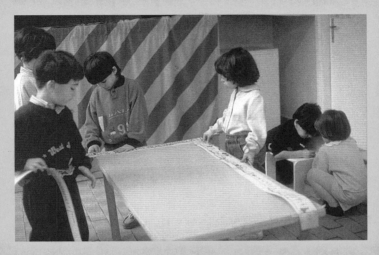

As crianças então passam a medir a mesa cada uma com seu próprio medidor, enquanto a tarefa de anotar todas as medidas no papel é dada pelo grupo a Tommaso e Daniela.

A anotação gráfica também é habitual para essas crianças em outras áreas de experiência; neste momento, permite uma síntese evidente das diferenças numéricas.

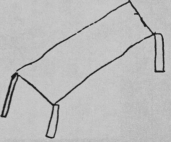

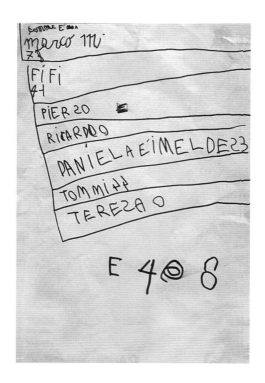

De fato, neste momento explode o escândalo: a mesa mede 78, 41, 20, 23, 44...

As crianças medem ambos os lados (comprimento e "curteza"), mas apenas as que têm medidores longos arriscam-se a medir a parte mais longa. É evidente que as crianças **não fizeram *o* medidor, mas *um* medidor**. Portanto, nossa hipótese de que chegariam a uma dimensão unívoca ainda não se concretiza. A própria palavra "medidor", que todas as crianças estão usando agora, é, na verdade, uma medida de caráter subjetivo.

Há uma grande confusão acompanhada de muitas gargalhadas.
O que fazer?

73

41

20   23

44

                        0

4 ⊙ 8

A professora sugere alinhar todos os medidores
no chão para tornar mais evidente a discrepância,

na esperança de provocar uma resolução do problema.

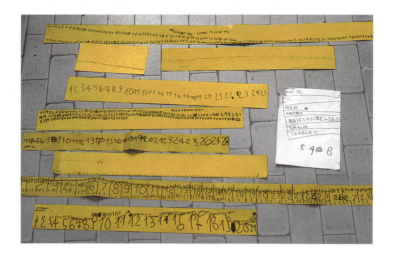

Na verdade, isso acontece quando
Riccardo e Marco começam a gritar:

*"Tem que escolher o **medidor certo**. Sim, aquele com os números certos."* Mas qual? Talvez as duas crianças queiram dizer que um e apenas um deve ser escolhido? Ou acham que o medidor certo é aquele que alinha os números progressivamente de forma exata? As crianças provavelmente ainda não têm a dimensão do metro como uma medida convencional que pode ser adotada por todos.

Seria interessante dar uma olhada em como elas construíram os medidores individuais.

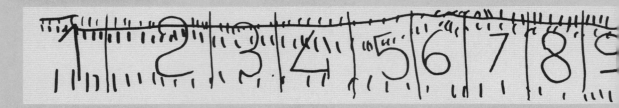

Riccardo inventa um "e", uma conjunção entre um número e outro: 1 e 2 e 3 e 4 e 5 e... obtendo, assim, uma configuração unitária horizontal extraordinária. Daniela produziu uma solução mais avançada ao se aproximar cada vez mais de um "bom medidor": entre um número e outro ela interpõe hifens iguais, reforçando a equivalência de distâncias e valores entre os números.

Outros são seduzidos pela potência numérica: Marcos escreve todos os números que conhece até o número 114; Alessandro escreve os números em perfeita sucessão e para no número 100.

FRANCESCO
1...2....3....4....5....6.7..8.9...10...11...12...13.14...15...16...17...18...19...20...21...22...

PIERLUIGI
PICILLO

1 2 3 4 5 6 7 8 9 10 11

Na fileira de números, sempre intercalados com
quatro hifens, Francesco desenha uma bicicleta,
como se enfatizasse sua direção ascendente;
Pier Luigi escreve as cifras, reforçando-as com acentos
que marcam suas respectivas quantidades de valor
numérico. A percepção exata do medidor ainda está
distante. No entanto, em cada produto, há traços pessoais
de habilidade e, muitas vezes, de atribuições que mostram
uma ressonância promissora nas regras e nos significados
do mundo dos números e da medição.

Mas os percursos das crianças são, pelo menos
aparentemente, imprevisíveis. Nem sempre seguem
linearidade e coerência: nem de ações nem de pensamentos.
Constroem, perdem, desviam ou enterram temporariamente
esquemas, abstrações, estratégias. Ao trabalhar com elas,
é preciso sempre jogar o jogo da surpresa. Aqui fizeram
uma grande quantidade de números... Então, se tivéssemos
de apostar na continuação, diríamos que o aparecimento
do "medidor certo" está se aproximando.

Assim, parecerá estranho esse retorno à medição
da mesa com um objeto, mas a proposta de Tommaso
é verdadeiramente explosiva e espetacular: *"Sabem o que
vamos fazer? Vamos medir a mesa com o meu sapato!"*
Talvez seja a alegria, a transgressão que possuem,
talvez seja o desejo ou a necessidade de lidar com objetos
e situações concretas, de voltar a um protagonismo direto,
não mediado por processos de pensamento muito abstratos.

As crianças estendem uma longa tira de papel sobre a mesa
e a percorrem com os sapatos. Talvez se lembrem de como
usaram o papel antes? Será que já preveem a necessidade
de escrever no papel? É Tommaso quem lidera a operação.

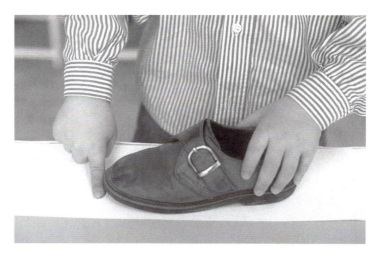

O comprimento da mesa é equivalente a
seis sapatos e meio. Há alguém que duvide?

Tommaso percebe que os amigos estão um pouco surpresos, quase incrédulos, diante do resultado, então ele traça o comprimento da mesa, confirmando a reversibilidade da medição: **seis sapatos e meio**.
Marco reforça a unidade de medida encontrada, buscando uma correspondência entre suas mãos e o comprimento do sapato que pode ser multiplicada no plano da mesa e propõe: *"É sempre igual, o sapato é sempre igual! É preciso dizer ao carpinteiro, temos que escrever esta medida!"*

Aqui estão as pegadas marcadas com o hidrocor, o que deixa tudo mais claro. O desenho, neste momento, tem um papel importante ao avançar e fortalecer o pensamento da criança e a comunicabilidade da medição.

As crianças continuam fazendo comparações, tentativas, contratestes: a medida do sapato, as pegadas, o espaço deixado entre as mãos.

Marco diz: *"Agora a coisa mais fácil é dar o sapato ao carpinteiro!"* Tommaso replica: *"Mas como eu faço? Depois não vou ter mais o sapato!"* Pelo mesmo sistema, Tommaso mede a "curteza", que é de **3 sapatos**.

Agora, o retângulo da mesa é todo medido: **6 sapatos e meio por 3 sapatos**. O protagonismo de Tommaso parece prometer outras surpresas. O que é visível é o aumento da tensão de todas as crianças, acompanhado por uma efusão de felicidade libertadora por finalmente terem chegado a uma ancoragem.

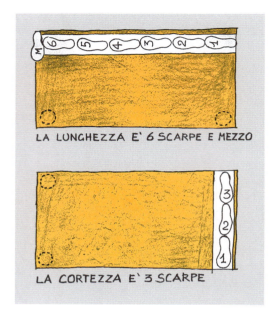

O COMPRIMENTO
É DE 6 SAPATOS
E MEIO

A CURTEZA
É DE 3 SAPATOS

O que as professoras sugerem é criar um desenho que sintetize o último acontecimento: dois retângulos representando a mesa – dois porque é assim que as crianças querem –, com as medidas de comprimento e "curteza". O desenho tem a finalidade de enfatizar às crianças uma imagem concluída do seu último esforço, que, graças ao sapato e pela primeira vez, construiu uma medida completa. Um ponto de chegada importante, sobretudo porque pode ser utilizado e comunicado.

A sugestão das professoras é um empréstimo de clareza para as crianças. Esse tipo de empréstimo deve ser feito com base em uma garantia de retorno com o avanço do conhecimento da criança, caso contrário poderia constituir um excedente de transmissão de um saber adulto, em dessintonia com as pesquisas e os procedimentos que as crianças estão elaborando. As crianças ainda estão comemorando o resultado quando Tommaso dá outro impulso ao empreendimento:

"E se nós procurarmos um medidor agora?"
O medidor!? Há alguma hesitação por aí, alguém diz para continuar com o sapato. Mas isso é só um momento. A ideia de embarcar em outra aventura é sempre uma grande sedução para as crianças.

"Vamos procurá-lo!" Tommaso é o mais rápido.
Lembra-se da prateleira onde estão guardados os instrumentos de medida, pega um metro dobrável de madeira e já está de volta. Acreditamos que todas as crianças possam conhecer o metro, mas veremos se elas sabem como funciona ou como usá-lo.
De qualquer forma, a decisão é clamorosa.

Nunca saberemos bem como aconteceu. De uma germinação alimentada pela agitação das crianças? De uma imprevista recomposição do conflito entre instrumentos arbitrários de medida, números e medidores desiguais de papel?
Dos limites – apesar de toda a diversão – do jogo de medição do sapato? De um impulso sugerido pelo desenho?
De uma síntese lógica e dedutiva dos resultados operacionais gradualmente acumulados? E quanta solidez conceitual a descoberta de Tommaso traz consigo? **Perguntas só possíveis, respostas só prováveis.**
O fato é que o agir e o buscar das crianças parecem ter aberto novas reviravoltas nos procedimentos e uma apropriação da noção de tamanho de medida e do papel do número na medição. Ao mesmo tempo, talvez tenha despertado a intuição de confiar em uma unidade de medida convencional como o metro, um objeto presumivelmente já visto funcionando em algum lugar.

Mesmo que o protagonismo de Tommaso continue,
na verdade, a ação das crianças é coletiva. Tommaso mede
primeiro a pegada, depois o sapato e, em voz alta, diz: *"20!"*
É o número que, no metro, coincide com a sua dimensão.

Ele também tem sorte porque, dobrando o metro, chega
por acaso ao segmento de 20 centímetros. O número 20
é a medida exata do sapato e da pegada. Ele mexe
na pegada, e o metro ainda marca 20. Os colegas riem:
"É sempre 20!" Pier Luigi acrescenta: *"20 mais 20
mais 20"*. Daniela diz que é preciso juntar tudo.
Tommaso resume: *"Tem **20 mais 20 mais 20
mais 20 mais 20 mais 20 e depois
tem um pedacinho que é menos de 20"**.
O espaço é interpretado como uma soma de submúltiplos:
é como se as crianças estivessem prestes a entender
que o comprimento da mesa é basicamente a soma
de medidas parciais que, juntas, dão uma medida total.

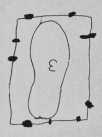

Pier Luigi aconselha: *"Vamos pegar a calculadora"*.
Marco dita e Pier Luigi bate nas teclas: *"20 + 20 + 20 + 20 + 20 + 20..."* (não sabemos de onde veio o sinal de adição, mas parece ser utilizado com desenvoltura por todos).

"*...que dá 120*".
Alan acrescenta:
"*Falta o pedacinho que Tommaso tinha visto*".

Tommaso: "*Sim, falta o pedacinho*", e escreve na folha **125**. "*Tá bom*", dizem os colegas. Riccardo conclui: "*Agora, sim. Podemos dizer 125 ao carpinteiro.*"

Então eles calculam a "curteza"
de três sapatos: 3 vezes 20 dá **60**.

Seja como for, a qualidade do salto parece indiscutível.
As crianças passaram, na busca do comprimento da mesa,
dos 6 sapatos e meio de Tommaso para 120 e depois para
os 125 da leitura métrica. Uma passagem de uma operação
manual e concreta para uma operação inteiramente confiada
aos sinais convencionais e simbólicos do metro e de seus
números. Agora, a mesa, como um mural, mostra visual
e publicamente o processo seguido pelas crianças.

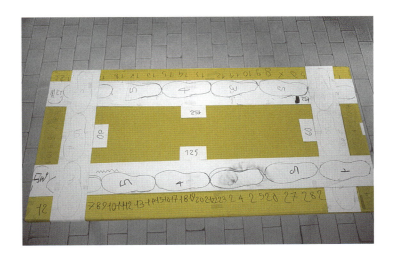

O metro, instrumento adotado como medidor no final, talvez seja, para as crianças, pouco mais do que um indicador de números, mesmo tendo sido feito para coincidir com uma escala graduada de valores, capaz de medir dois pontos distantes e fornecer mensagens linguísticas perfeitamente compreensíveis para alguém. De repente, acontece algo extraordinário e imprevisto. Manuseando o sapato de Tommaso, Marco descobre na sola o número **29** (29 é o tamanho do sapato de Tommaso). *"Um momento"*, grita, *"aqui está escrito 29 e não 20!"* Há um momento de desorientação.

Tommaso quer seu sapato de volta. Ele questiona:

"Quem tem razão, o 29 debaixo do sapato ou o 20 do metro?"
"O metro não erra", Daniela responde imediatamente.

Enquanto isso,
é uma espécie
de festa,
de espetáculo.

Todas as
crianças tiram
os sapatos
e leem seu
número.

Elas percebem que têm sapatos
de números diferentes.

Após essa pausa, lembramos às crianças do compromisso
assumido com o carpinteiro e nos propomos a contar,
por meio de um desenho, as medidas da mesa.
Transferir a linguagem numérico-matemática para
a linguagem gráfica é um teste difícil. As crianças recorrem
a representações que devem ser interpretadas com cuidado.
São mapas em que coexistem história e geografia,
subjetividade e objetividade das experiências acumuladas.

Vejamos o desenho de Tommaso.
No alto, Tommaso confia à mesa, com muito humor,
a memória da briga entre o 20 (o tamanho métrico
de seu sapato de amostra) e o 29, que é, como vimos,
o número gravado na sola do mesmo sapato. Então
a representação se torna séria, inclui uma marca simbólica
do sapato, com os números das vezes que o sapato
está no comprimento e na largura da mesa escritos.
Ele não se esquece de adicionar "125" no lado longo
e "60" no lado curto.

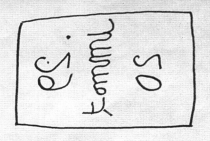

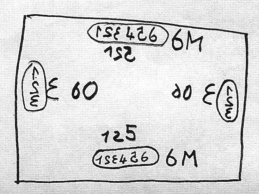

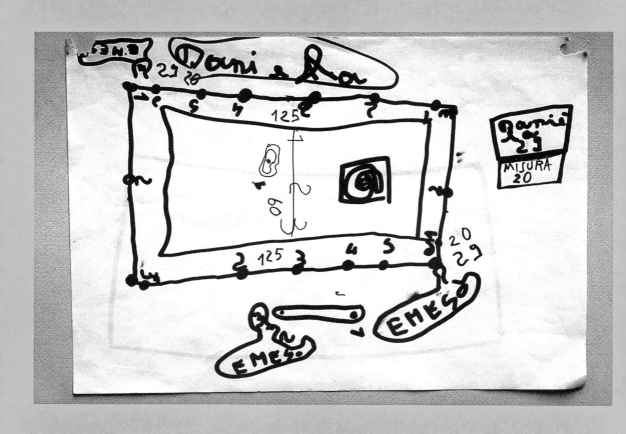

O desenho de Daniela, que simultaneamente reatribui
as medidas à contagem dos sapatos e às do metro, é,
na verdade, uma mensagem codificada de amor dirigida
a Tommaso, a quem ela dedica não apenas um coraçãozinho
colocado à vista no centro da mesa, mas também uma
moldura improvisada onde, ao lado de sua assinatura,
ela adiciona "29" (tamanho do sapato de Tommaso),
que serve como endereço do destinatário. Na parte inferior
do desenho, uma perna da mesa aparece pela primeira vez
marcada pela escrita **"2 e meio"** (dois sapatos e meio).
Daniela nos reserva uma segunda grande surpresa com
aquele quadrado visível na mesa que contém um círculo
e uma mancha escura.

É um objeto estranho, uma espécie de pictograma
que nenhum de nós consegue decifrar.

Voltamo-nos para Daniela: *"É um desenho secreto"*.
"Mas tem algo a ver com a mesa?" *"Sim."* Mas ela não
diz mais nada, como se tivesse medo de explicar ou tivesse
vontade de nos manter atentos. O que nos conta depois
é fantástico. O quadrado é um buraco imaginário na mesa;
se você olhar para dentro dele, verá a perna da mesa
(o círculo) e mais abaixo a volta do pé. É uma incrível
escavação axonométrica, uma técnica difícil até mesmo para
um desenhista habilidoso. As surpresas com que as crianças
nos presenteiam – sabemos disso por experiência própria –
vão além do estupor e quebram muitos paradigmas teóricos.
Agora, o trabalho das crianças acelera bastante.
"Nós só fizemos a parte de cima da mesa. Falta a espessura",
Daniela recorda. *"Vamos fazer tudo!"*, diz Pier Luigi.

"E as pernas?",
acrescenta Riccardo.
É mesmo, as pernas.
*"Elas são desconfortáveis
de medir"*, avisa Alan,
*"você tem que ir de cima para
baixo ou de baixo para cima"*.

Marco e Alan têm vontade
de fazer todos rirem.

Deitam-se no chão e fingem medir
as pernas da mesa sobrepondo
um pé ao outro. A descoberta
obtém o efeito desejado.

Já surge outra ideia:
a de embrulhar gradualmente,
com papel, todas as partes da mesa.
As crianças querem anotar
por escrito as medidas, para que possam
ser vistas, que permaneçam firmes,
que deixem um rastro.

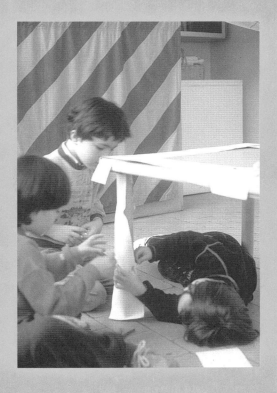

O tamanho das pernas ainda
honra o sapato de Tommaso:
dois sapatos e meio.

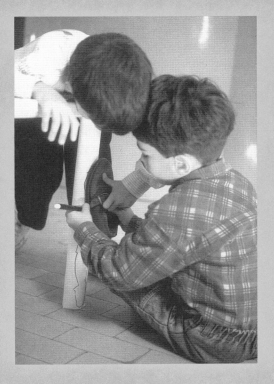

O metro está nas mãos de Daniela, muito atenta às pequenas dimensões. Ela mede a espessura e escreve numa cartolina que cola: **3 centímetros**.
Onde Daniela recolheu a denominação dos centímetros não foi possível apurar. O fato é que o termo é imediatamente assimilado pelos colegas, com uma identificação exata de sua medida no metro. As crianças voltam a medir as pernas: está bem medir com o sapato de Tommaso, mas é muito melhor com o metro.
Elas escrevem **50 centímetros**. Tudo deve ser preciso.

Agora, elas viram a mesa de cabeça para baixo e tudo fica mais fácil. É a vez do comprimento e da largura.

O resultado é **128 e 63 centímetros**.

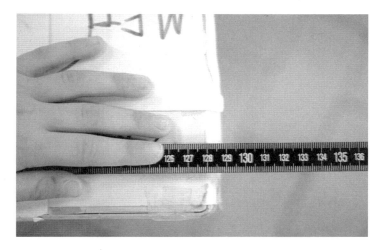

Daniela diz: *"É preciso medir o redondo da perna, senão o carpinteiro pode fazer a perna gordinha"*.

Até agora, as crianças mediram as partes lineares da mesa. Neste momento, a circunferência do pé sugere a Daniela a necessidade de encontrar um medidor diferente, adequado para essa medição. Qual? Daniela escolhe uma fita métrica: *"Parece uma cobra"*, comenta Riccardo. Daniela cerca a perna: *"Dá **16 centímetros**"*, e especifica que *"as outras pernas são iguais"*.

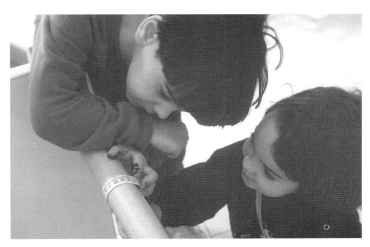

Agora é a vez do "debaixo do pé" (que é a base da perna): dá **4 cm**. Uma plaquinha marca a nova medida.

Aqui acontece um fato curioso.
Tommaso se aproxima e sobrepõe o sapato à base. Diz:
***"É a metade da metade
da metade do sapato"***.
É uma intuição notável que descobre a possibilidade
de subdividir o comprimento do sapato em partes menores,
regulares e submúltiplas. A adoção do metro como
unidade de medida, tão útil com seus números,
parece ter sido concluída.

Contudo, nossa previsão precisa de mais tempo.
Percebemos isso no dia seguinte, quando as crianças,
já tendo escolhido o papel quadriculado (uma escolha
interessante), propõem outro teste com o desenho.
Supomos que as crianças, para além de qualquer aparência,
já estejam convencidas de que a mensagem que o carpinteiro
espera é feita de sinais e números retirados do metro.
No entanto, entendemos perfeitamente que não se trata
de um paradigma fácil: trata-se de passar de um paradigma
linguístico e conceitual para outro muito mais sutil
e rarefeito. Os desenhos testemunham isso, mas também
testemunham coisas novas. O de Marco escapa de qualquer
referência numérica e coloca em cena a mesa com as
pegadas do sapato. A novidade a apreciar é a representação
da mesa vista de cima com as quatro pernas salientes.

Tommaso: *"Vamos pegar o papel com quadrados dentro
dos quais pode-se andar; no branco não dá para andar".*
Daniela: *"Usamos os quadrados para os passos".*
Riccardo: *"Não estou entendendo nada...
Vocês me obrigam a fazer coisas difíceis."*

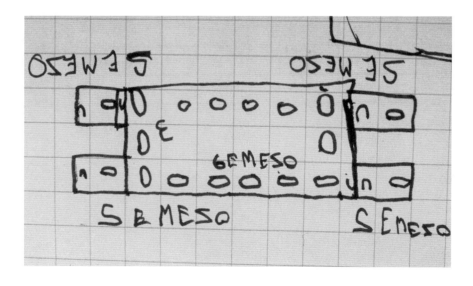

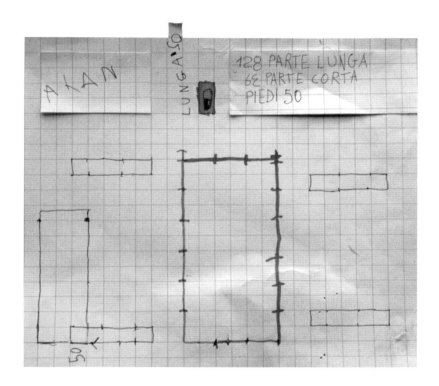

O desenho de Alan é decididamente mais elaborado.

Alan trabalha no retângulo da mesa. Ele divide
o comprimento em 6 partes e a largura em 3,
de acordo com a partição estabelecida pelo agora
famoso sapato de Tommaso. Ao lado estão as quatro
pernas da mesa, que medem dois sapatos e meio.
Mas a coisa inesperada e emocionante é a escolha
de uma unidade descritiva composta de dois quadrados.
Assim, o comprimento se torna **12 quadrados**,
e a largura 6. Alan atribui às pernas da mesa
duas pegadas e meia e **5 quadrados**.

A regra proporcional, em escala, é rigorosamente
respeitada. Uma prova excepcional de perícia
e flexibilidade lógico-combinatória.

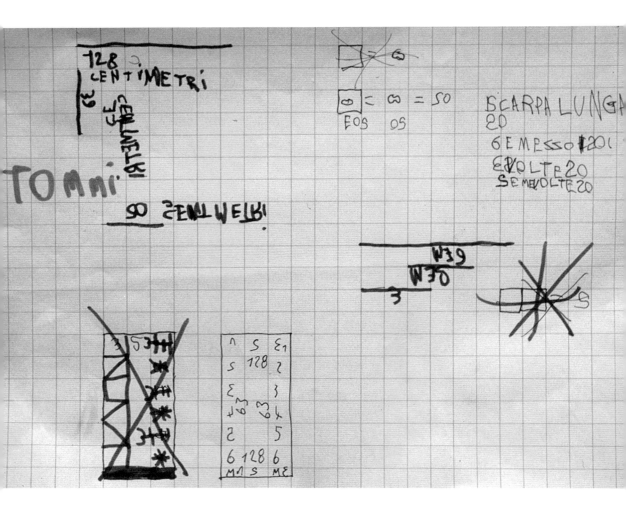

O desenho de Tommaso toma um caminho diferente.

Ele não desenha a mesa, mas a decompõe em seus
esquemas: comprimento, largura, altura. As indicações
recorrem ao velho método: para cada sapato, um quadrado.
Ele não esquece das medidas métricas 128, 63, 50,
acompanhadas pela escrita "centímetros".
O que nos deixa admirados é essa espécie de equação
formulada na margem, onde ele alinha a marcação
de um quadrado, o sinal **"="**, uma pegada do sapato,
outro sinal **"="** e **"20 centímetros"**.
Essa equivalência de símbolos, com uma efetiva
formalização icônica e semântica, nos leva à hipótese
(sem causar espanto) de que, mais do que
o desenvolvimento de um pensamento operativo
e formal, há um processo indutivo e dedutivo que,
se evidente em Tommaso, é perceptível em algumas
condutas de seus colegas.

As crianças discutem entre si
com muita intensidade.

Não as perturbamos e ficamos à distância.
Quando se dirigem à professora, dizem
que Alan é seu porta-voz. Alan apresenta
uma questão repleta de significados
apreensivos e decisivos: *"Você acha que
o carpinteiro entende melhor com os sapatos
ou com o metro?"* E a professora responde:
"Entendo que é uma decisão difícil...
Mas vocês que devem decidir... Tentem
discutir isso". Então Alan imediatamente
dá o seu parecer: *"Devemos dar ao carpinteiro
os números"*. Daniela lhe dá uma mão:
*"Se lhe dermos o sapato, ele vai dizer:
'O que eu vou fazer com o sapato?'"*
Tommaso responde: *"Sim, e o que eu faria
depois? Andaria com um sapato só?"*
Riccardo conclui:

**"Escutem, temos que decidir.
Ou é o sapato ou o metro!"**

A escolha agora parece inevitável, uma decisão deve ser tomada. A professora propõe que seja feita uma votação. Todos aplaudem.

"Quem vota no metro levanta a mão!" Ninguém levanta.

"Quem vota no sapato levanta a mão!" Todos levantam.

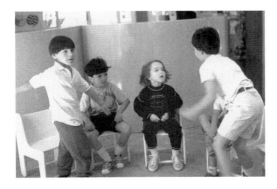

A incoerência do resultado é evidente, e as crianças percebem imediatamente; primeiro ficam sérias, depois caem na gargalhada e pedem para votar de novo.

As crianças, como sabemos, são bastante inexperientes em votar erguendo as mãos.

A professora repete:
"Quem vota no sapato levanta a mão!"
Tommaso e Daniela levantam.

"Quem vota no metro levanta a mão!"
Alan, Marco, Pier Luigi e Riccardo levantam.

O metro ganha,
e os vencedores comemoram.
Daniela e Tommaso sabem que estão
em contradição consigo mesmos.
Talvez eles só brincaram, distraídos,
de estar juntos. Parece-nos que estão
todos de acordo. A impressão é que
as crianças entenderam que chegou
o momento de abrir mão do apego –
não só afetivo – ao sapato, que tem
o mérito de muitas aventuras
e aprendizagens. Há gratidão,
mas agora é a vez do metro
e seus números.

Outro encontro de recognição permite que as crianças e professoras recapitulem os últimos acontecimentos. O interesse das crianças é rever os últimos desenhos, onde sabem que encontrarão o sentido de seu trabalho.

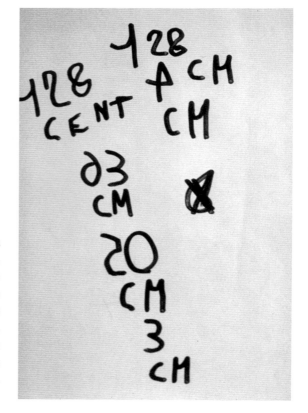

Em dois pontos, as crianças encontram total concordância, após confirmarem que darão ao carpinteiro um desenho da mesa com todas as medidas obtidas com o metro.
Primeiro: que é preciso escrever todas as medidas em um papel, como sugere Marco, *"Para não fazer mais confusão"*.

Segundo: que cada um deles vai fazer mais um desenho.

Depois, juntos, escolherão "as coisas mais bonitas"
para incluir no último desenho, que será dado ao carpinteiro.

O desenho final é uma montagem que
se vale das contribuições de Tommaso,
Riccardo e Daniela. Assim as crianças
escolheram, ainda que todas colocarão
a sua assinatura no final. Encontramo-nos
diante de uma espécie de conjunto de cifras
que cabe em pouco espaço – como convém
às linguagens matemáticas – e que é o ponto
de chegada de um longo e divertido percurso
de ideias, testes, negociações, ajustes,
seleções. Nenhuma das medidas que
o carpinteiro precisa está em falta:
comprimento, largura, altura e espessura
da mesa; comprimento e circunferência
das pernas; diâmetro da base. A mesa
é decomposta em diferentes versões: vista
de cima, de frente, de lado. Há setas para
indicar medidas e os quatro pequenos
quadros para os encaixes das pernas.
E, mesmo que à margem, há a velha mesa
com as pegadas do sapato de Tommaso.

Apenas uma liberdade das crianças:
o acréscimo, não previsto, de uma gavetinha,
porque toda mesa que se preze tem uma gaveta.

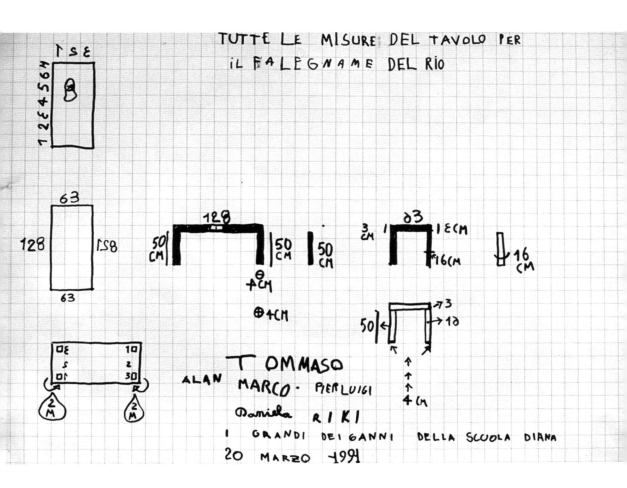

Quando o carpinteiro chega, está tudo pronto.
Inclusive, em caso de dúvidas, as crianças explicam tudo.

Para surpreendê-lo completamente, há uma pequena
antologia de desenhos da mesa, da qual as crianças
se orgulham muito.

As crianças também escrevem ao amigo carpinteiro
uma carta de recomendação para trabalhar bem.

OLÁ QUERIDO DEL RIO
VOCÊ ESTÁ BEM?

      O QUE VOCÊ ESTÁ FAZENDO NESSES DIAS?

NÓS ESTAMOS ESPERANDO HÁ MUITO TEMPO
QUE VOCÊ ESTEJA LIVRE PARA FAZER NOSSA MESA.

NÃO PODEMOS MOSTRAR COMO MEDIMOS
TODA A MESA

      DEMORAMOS MUITO TEMPO PREPARAMOS
UM DESENHO COM TODAS AS MEDIDAS DA MESA
COM A GAVETA QUE QUEREMOS. EXATAMENTE IGUAL
NEM MESMO COM 1 ERRO PEQUENININHO

GOSTARÍAMOS DE UMA MESA DE MADEIRA
DE CARVALHO E O TAMPO AMARELO

      LEIA BEM AS MEDIDAS ASSIM
A MESA VAI FICAR PERFEITA.

TENHA CUIDADO PORQUE SE VOCÊ TRABALHAR
COM PRESSA VOCÊ TAMBÉM PODE ERRAR

FAÇA COM CALMA É SÓ VOCÊ FAZÊ-LA PARA
NÓS LEMBRE-SE DE COLOCAR seus ÓCULOS
PARA VER MELHOR.

TCHAU DIVIRTA-SE MUITOS CUMPRIMENTOS
TRABALHE BEM SE VOCÊ NÃO ENTENDER
      ALGUMAS COISAS
      LIGUE PARA DIANA

                      NÚMERO 437308

ATÉ BREVE****$$$$$$$ TOMMASO
                                  DANIELA
                                  MARCO
                                  RICCARDO
                                  ALAN
                                  PIER LUIGI
                                  MARIA IMELDE

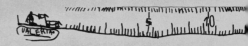

Surpreendentemente, como no Natal, durante o almoço na escola, ele encontrará a carta sob seu prato.

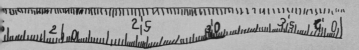

*A história continua. E a mesa, a velha mesa,
enfaixada e remendada, como se tivesse saído
do pronto-socorro do hospital, permanece ali,
pronta para contar as inquietações, as alegrias
e as aventuras de um sapato, de um metro
e de seis crianças curiosas.*

A aventura do conhecer

Este texto pretende ser uma reflexão sobre uma metodologia de observação e documentação como ferramenta de pesquisa e conhecimento: a *sonda*.

"...a *sonda* é uma oportunidade, um instrumento para alcançar uma observação da observação e, sobretudo, um conhecimento do conhecimento, que continua sendo um dos elementos mais importantes no campo dos processos individuais do saber e das relações entre os indivíduos."[1]

A *sonda* – procedimento utilizado no projeto *Sapato e metro* – é, em todo caso, apenas uma etapa do percurso das Escolas Municipais de Educação Infantil de Reggio Emilia. Ela é parte de uma longa história, em que as estratégias didáticas são variadas e se modificaram ao longo do tempo, graças a uma atenta e reativa *escuta* de crianças, famílias, professores e da cultura externa, especialmente aquela que busca e constrói novas *paisagens* do saber.

Para utilizar tal metodologia, é necessário prestar atenção:

– Antes, é preciso fazer do conhecimento das crianças uma premissa indispensável de qualquer percurso educativo. As crianças desenvolvem múltiplas teorias e hipóteses interpretativas da realidade que as cerca. Muitas vezes, essas teorias não são expressas porque não são ouvidas. É importante estarmos cientes do quão pouco ainda sabemos sobre as estratégias autônomas de aprendizagem das crianças.

– É preciso aproximar-se, observar e documentar meninas e meninos com respeito, curiosidade e solidariedade. É necessário fazer muitas perguntas, não temer as dúvidas, não se deixar seduzir por uma generalização muito rápida dos dados coletados, ter um bom senso de relatividade, procurar diálogos e pontos de vista diferentes.

– É preciso estarmos cientes de que a documentação[2] do que se observa é um material precioso, capaz de autogeração. É o material que nos permitirá confrontar outros pontos de vista, narrando e argumentando o que aconteceu (o que nós observamos e interpretamos do que aconteceu). E não só isso: é por meio do material documentado que podemos, ao longo do tempo, reler os acontecimentos várias vezes, continuar fazendo hipóteses, encontrar novos significados e sentir aquela excitação de quando uma luz interpretativa ilumina o que aconteceu, alimentando novas definições teóricas e orientações no trabalho. A consciência da importância que a documentação assume no projeto orienta os instrumentos e as formas do observar.

– Por fim, é preciso saber abandonar parte da *forma mentis* proporcionada por uma cultura da formação de professores que acredita saber o que é certo para as crianças saberem, que pensa ser democrático que as crianças aprendam tudo da mesma maneira, que está convencida de que um professor é melhor quando sabe de antemão o que deve fazer e de que maneira.

A metodologia de pesquisa *sonda*, que envolve o trabalho com um grupo de crianças, é geralmente seguida por um professor e pelo atelierista[3], enquanto, ao mesmo tempo, outro professor[4] da sala observa e coordena as outras crianças divididas em grupos de trabalho em diferentes atividades.

Um dos aspectos emergentes dessa estrutura projetual é a continuidade temporal: todas as manhãs, o fio deixado no dia anterior é retomado com as crianças, com a utilização de documentos e rastros produzidos previamente, e elas continuam sem saber bem onde chegarão naquele dia.
No final de cada dia, as gravações verbais são ouvidas e transcritas, então são lidas mais de uma vez para tentar compreender e interpretar os fatos ocorridos, que são confrontados e discutidos fazendo previsões e hipóteses. Assim que possível, o material fotográfico é analisado, permitindo que sejam feitas outras hipóteses e fornecendo outros indícios de pesquisa.

O ritmo de exploração das crianças é descontínuo: ora a pesquisa parece avançar regularmente, ora o desvio tomado parece incompreensível.

A pesquisa desenvolve, tanto nas crianças quanto nos professores, antenas sensíveis e receptivas, construindo uma situação de *tensão cognitiva*. Muitas vezes, há excitação; às vezes, desorientação; mas sempre, há interesse.

Entre o professor e o atelierista, muitas vezes, há trocas de opiniões diretas sobre o que estão observando e, em alguns momentos – quando o trabalho das crianças parece estar parado –, consultas rápidas para decidir se intervêm e como fazê-lo ou se permanecem à espera de que o problema momentâneo seja superado de forma autônoma (o que acontece na maioria dos casos). Abster-se ou intervir, como fazer isso, como "jogar de volta" às crianças os pontos mais avançados da sua pesquisa sem preconcepções e banindo as certezas de uma única

interpretação: esses são os elementos que coexistem e acompanham todo o trabalho. É preciso aceitá-los como fatores produtivos, arriscar nas escolhas e aceitar os erros.

Como as crianças experienciam esse nosso papel? Resumidamente, diríamos que elas têm confiança, que se sentem livres para tentar, errar, discutir. Em alguns momentos, usam-nos como recurso, pedindo, por exemplo, para resumirmos os eventos que aconteceram; em outros, para sintetizarmos as últimas hipóteses que surgiram no grupo.

Sentem que estamos fazendo – embora com outro papel – pesquisa junto com elas. Sobretudo, sentem a nossa estima, solidariedade e amizade.

A *sonda* é, para o professor, um grande ginásio cognitivo, argumentativo e interpretativo, onde ele tem consciência da forte responsabilidade que assume com o papel de *narrador* durante e ao final da experiência.

Enquanto a pesquisa das crianças evolui, o professor modifica continuamente as expectativas, as hipóteses, as previsões, ciente de que é importante interpretar, mas, ainda mais, entender.

A realização das *sondas*, como a apresentada, nos deu uma consciência importante: a de que a criatividade e a excepcionalidade são mais facilmente encontradas nos processos do que nos resultados; encontram-se no pensamento e na construção cotidiana das meninas e dos meninos, se forem colocados em um contexto que não sobrepõe valores e métodos pré-estabelecidos, mas estuda e escuta os processos autônomos das crianças. Também nos deu uma grande confiança em suas estratégias de auto-organização.

Fez-nos descobrir mais e nos tornou mais curiosos sobre as muitas formas de pensar e as diferentes estratégias do conhecer.

As *sondas* contribuíram fortemente para a fase de pesquisa que estamos levando adiante atualmente: a documentação dos processos individuais de conhecimento e as consequentes novas estratégias de trabalho.

Um capítulo separado deveria ser dedicado à documentação fotográfica (também tão fundamental para a narrativa deste livro). Nas escolas de educação infantil, são muitos os professores que fotografam, mas não são muitas as fotografias significativas. Técnica e bons instrumentos não são suficientes; é preciso colocar-se em uma situação de *escuta* particular. É preciso abandonar duas imagens sobre as crianças que entraram fortemente em nossos olhos e mentes: a proposta pela cultura atual dos meios de comunicação de massa, extremamente simplificada e monológica; e a fornecida pela pedagogia e didática oficiais, em que, geralmente, as crianças parecem "incolores" e o senso estético talvez seja avaliado como uma qualidade marginal para o conhecer e o entender.

A máquina fotográfica deve ser capaz de olhar para as crianças com olhos e mentes particularmente curiosos em *encontrar* a criança em seu campo de ação; deve colher as suas nuances inéditas (que são muitas), estabelecendo como objetivo a restituição, às meninas e aos meninos, das suas múltiplas identidades. Depois, há as dificuldades técnicas implícitas: as crianças são muito rápidas em mudar atitudes, movimentos, expressões; em ficar de costas para a lente, cobrindo toda a vista, fazendo "montes", emaranhados humanos em torno de um *algo* que nunca se saberá se é importante ou não, em condições de luz muitas vezes impossíveis.

Apesar dessas dificuldades, um amplo e precioso material de documentação coletado ao longo dos anos em escolas de educação infantil testemunha o aumento das capacidades de inteligência sensível e empatia dos professores e atelieristas.

Um último aspecto que gostaríamos de mencionar é a importância de transmitir um material como o apresentado neste livro para pessoas que nem sempre participam diretamente do trabalho com as crianças: pedagogos, psicólogos, pesquisadores, famílias, que também são importantes para a evolução do projeto educacional como um todo.

Acreditamos que este material mostra a todos a vitalidade do processo de conhecimento, muitas vezes forçado em uma *escrita* parcial, pouco correspondente à vivacidade e à excitação da pesquisa.

Além disso, embora precisemos compreender melhor os significados, estamos convencidos da importância de as crianças poderem refazer os caminhos e procedimentos seguidos ao longo de um projeto.

A estrutura narrativa que escolhemos para o livro – *storyboard* ou fotonovela – é uma tentativa de enfatizar o entrelaçamento vital que sempre deve existir entre as aventuras do conhecimento e as situações da vida real.

Sondas como esta nos tornaram ainda mais conscientes de como observar e documentar o desenvolvimento e a evolução do aprendizado humano que ocorre em escolas de educação infantil cria um solo fértil e privilegiado para entender a vida humana.

Acreditamos que é realmente difícil produzir um projeto inovador de formação escolar para crianças que esteja em sintonia com as formas do aprender e conhecer sem alimentar e apoiar a pesquisa permanente no campo da primeiríssima infância.

A mudança cultural que ocorre atualmente com o nascimento de uma inteligência digital está construindo diferentes estruturas de pensamento e relações – cujo desenvolvimento pouco podemos prever –, o que torna o conhecimento dos processos de aprendizagem de meninas e meninos ainda mais urgente e essencial.

É somente por meio desse conhecimento que podemos ter consciência das diferenças e mudanças atuais e futuras.

A sintonia com o futuro já está fortemente orientada pelo presente, e uma profissão difícil como a nossa não pode deixar de assumir, ao menos parcialmente, a sua responsabilidade.

Marina Castagnetti, Marina Mori, Laura Rubizzi, Paola Strozzi
(professoras da Escola Diana),
Vea Vecchi (atelierista da Escola Diana)

1 O texto entre aspas é de Loris Malaguzzi e é retirado de um rascunho de um discurso sobre *sondas* de abril de 1988.

2 Documentação: o que se entende por este termo está claramente escrito no texto inicial de Sergio Spaggiari.

3 Atelierista: é o nome que o tempo e os hábitos deram aos professores de formação artística (provenientes de academias de arte ou liceus artísticos) que estão presentes nos ateliês de todas as Escolas de Educação Infantil de Reggio Emilia desde 1968. Uma figura difícil de explicar, porque vai além dos cânones tradicionais. O atelierista é um especialista do setor e não lida exclusivamente com ateliês. Ele desempenha o papel de um pesquisador no campo, traz a contribuição de diferentes competências e culturas dentro de um grupo de trabalho e contribui para fazer das escolas um laboratório, um lugar de pesquisa, experimentação e aprendizagem.

4 Cada sala de 25 crianças divididas por idade é coordenada por uma dupla de professores com a mesma função jurídica, presentes ao mesmo tempo, das 8h30 às 14h. Antes e depois desse horário, está presente apenas um professor.

Um medidor para a amizade

Era outono de 1991 quando o professor Malaguzzi e eu fomos a Paris para participar da Conferência Internacional organizada pelo IEDPE, associação europeia cujos objetivos incluem o desenvolvimento e a valorização das potencialidades da infância. No centro da reflexão, estão as potencialidades e competências expressas pelas crianças em seus processos de aprendizagem e construção de conhecimento.

Alguns dos participantes foram convidados a apresentar os resultados mais avançados de suas pesquisas por meio de documentos escritos, vídeos ou *slides*. Foi nessa ocasião que o professor Malaguzzi apresentou pela primeira vez o documento *Sapato e metro*, reunido e ilustrado neste livro. Estavam presentes, entre outros, Mira Stambak, Hermine Sinclair, Tullia Musatti, do CNR de Roma, e Laura Bonica, da Universidade de Gênova.

Ainda me lembro da emoção e, de certa forma, da tensão do professor Malaguzzi quando estava prestes a apresentar o documentário em *slides*. Não apenas pela qualidade do auditório – um público de especialistas de fama internacional e de grande competência profissional –, mas pela própria natureza da pesquisa pedagógica. De fato, era dada atenção não somente às estratégias de aprendizagem das crianças, mas também ao que é tradicionalmente definido como *o papel do adulto*, ou seja, a quantidade e a qualidade da intervenção do professor.

Como e quando implementar uma intervenção capaz de favorecer os processos e percursos que as crianças realizam, para adquirir alguns dos conceitos fundamentais para suas relações com o mundo?

Pode-se apresentar para uma criança um conceito, uma ideia, para que ela mude realmente os significados de sua experiência. Por exemplo: um grupo de crianças que aprende de modo significativo o conceito de conservação da matéria e invariância – como também é visível nesta experiência – não só vê o mundo de uma maneira diferente, mas *constrói* um mundo profundamente diferente. Dessa forma, cria-se para ela um novo mundo, ou melhor, uma nova forma de interpretar e viver o mundo.

Foi esse tipo de consciência que convenceu o professor Malaguzzi a apresentar essa experiência, e, ao mesmo tempo, foi a própria natureza da problemática pedagógica nela expressa que gerou sua preocupação.

Ao final da apresentação, acompanhada por todos os presentes com muita atenção, uma pergunta se destacou entre as demais e envolveu muitos na discussão. A pergunta pode ser resumida da seguinte forma: "Não seria mais correto facilitar o processo das crianças, propondo que elas usassem o metro? Principalmente quando as crianças sugerem o uso do metro, não seria *mais correto* e, portanto, mais respeitoso com as crianças, confirmar e apoiar essa decisão delas em vez de deixá-las avançar e depois – aparentemente – regredir, para, em seguida, retornar à decisão de usar o metro, decompondo-o em suas partes?" Essa última operação foi considerada muito complexa para crianças desta idade e, portanto, poderia ser adiada para depois... (um depois que, na minha opinião, teria sido decidido mais pelos currículos pré-planejados do que pelos eventos e pelas próprias crianças!).

Acima de tudo, para parte da audiência, parecia impróprio ter deixado as crianças se debruçarem tanto tempo em uma questão sem qualquer intervenção explicativa e resolutiva por parte de um adulto. "O instrumento de medida existe, as crianças o conhecem, nomeiam, sabem usar... mesmo que não conheçam suas peculiaridades intrínsecas (centímetros, decímetros, etc.). Elas são tão pequenas!"

Amigos como poucos

"Elas vivem em uma época em que não só conhecem o metro, mas muitos outros instrumentos e técnicas", comentavam.

Substancialmente, para alguns, o que foi produzido tinha sido *desperdício* de tempo e energia para um resultado que poderia ter sido obtido com menos esforço e talvez maior eficácia e satisfação por parte das crianças. A jovem idade dos protagonistas também levantava dúvidas, e não poucas, sobre envolvê-los em projetos tão complexos.

Uma questão que transcende o caso específico e nos coloca diante de uma problemática educacional de natureza *da época,* isto é, própria e típica do período histórico que estamos atravessando.

De fato, todos os dias – nós e até mesmo crianças muito pequenas – fazemos inferências sobre a realidade que nos cerca, relacionamos eventos, construímos categorias e conceitos, decidimos sobre relações casuais com base em supostas evidências, agimos e produzimos informações, utilizamos instrumentos e imagens. Tudo isso é guiado por critérios e pressupostos que raramente são explícitos e compartilhados. Simplesmente *nós os usamos* para depois abandoná-los se uma situação ou um contexto nos obriga ou nos induz a adotar outros diferentes, para evitar consequências negativas ou ações inadequadas.

Muitas vezes, realizamos a tarefa, resolvemos o problema, sem uma compreensão profunda do modo e do porquê, do sentido mais geral do nosso agir. Manipulamos dados, informações, imagens e instrumentos de todos os tipos, cada vez mais complexos e abstratos, sem nos dar tempo para refletir, para integrar novos elementos nas estruturas de conhecimento pré-existentes, para mudar nossa forma de pensar.

Essa é, então, a natureza do problema que também foi abordado neste debate: como construir conhecimentos que tenham significado para quem aprende, como viver com as crianças, com os jovens, a consciência do nosso saber, das nossas construções mentais, das relações que existem entre elas e as formas de observar e interpretar a realidade.

Na opinião do professor Malaguzzi e de muitos dos interlocutores presentes, os processos estruturantes são os descritos nesta experiência: processos ao longo do tempo, compartilhados, capazes de acolher pausas, silêncios, retrocessos, diferenças e divergências; processos que envolvem o indivíduo em sua totalidade cognitiva, emocional e relacional.

O verdadeiro problema não era e não é, portanto, quando e como explicar ou oferecer o metro às crianças (em que idade? De que maneira?), mas como criar as condições que permitam o desenvolvimento do pensamento divergente e criativo; como sustentar a capacidade e o prazer de confrontar-se com as ideias dos outros em vez de se relacionar com a única presumida *verdadeira* ou correta, que é a do saber legitimado, dos códigos e das áreas disciplinares. Isso é tão mais verdadeiro e importante quanto menor for a criança: é uma questão pedagógica e didática, mas também ética e de valor.

A escola e a sala tornam-se o lugar onde cada um é colocado diante da necessidade de explicar, por si mesmo, o saber de que dispõe, para confrontá-lo, emprestá-lo, trocá-lo com os outros. Pede-se que o professor se coloque dentro do contexto, sendo participativo, principalmente porque tem curiosidade de conhecer as várias maneiras que as crianças têm de olhar, interpretar e representar o mundo.

A partir desses modos e mundos representados por cada criança, será criado o caminho de aprendizagem que adultos e crianças, juntos, construirão. Um caminho de construção de saberes, mas também de consciência em torno das formas dessa construção: troca, diálogo, divergência, negociação, além do prazer de pensar e agir juntos, que é o prazer da amizade. É, portanto, a consciência dos verdadeiros elementos que contribuem para o diálogo didático.

Cada um dos participantes deve ser consciente e responsável pelo processo em andamento. Deve ser capaz de planejá-lo, de vivê-lo e, acima de tudo, de poder se divertir nesse *jogo de espelhos* e experimentar o prazer de descobrir muitas lógicas: as dos amigos, a própria, a do professor e a... do metro.

Hoje, estou mais convencida do que nunca de que essas argumentações escolhidas pelo professor Malaguzzi para legitimar o percurso de um grupo de crianças, um sapato e um metro são mais atuais do que nunca e fazem dessa experiência uma preciosa oportunidade de reflexão.

Carla Rinaldi
Ex-diretora pedagógica das Escolas Municipais de Educação Infantil de Reggio Emilia

Presidente da Fundação Reggio Children – Centro Loris Malaguzzi

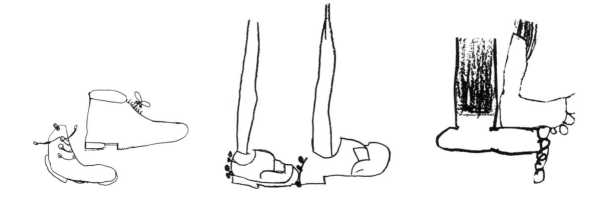